Achtung, Achtung,
hier sprechen die Massen,
der Bundestag wird jetzt entlassen.

Aha, Aha, Aha!
So ist das also.

**Alle denken an sich,
nur wir
denken an uns.**

Alle wollen zurück zur Natur
— nur nicht zu Fuß.

Allein schlafen
fördert die Wohnungsnot.

Alles ist Gift —
es kommt nur auf die Dosis an.

**Am Abgrund ist
Vorbeugen
schlechter als Heilen.**

Am besten,
du kaufst dir einen Strick
und erschießt dich,
wo das Wasser am tiefsten ist.

**An der Spitze stehen,
ist uns noch
viel zu weit hinten.**

NIMM'S LEICHT, NIMM MICH

Sponti-Sprüche
No. 3

Herausgegeben von
Eduard Moriz

Eichborn Verlag

Liebe Sponti-Sprüche-Fans,
in No. 2 (Es wird Zeit, daß wir lieben) forderten wir auf, uns Sprüche zu schicken — tausend Dank allen, die mitgemacht haben; aus den Einsendungen stammt der überwiegende Teil dieses Bandes. (Wer mit 'nem Spruch hier drin ist, kriegt irgendwann von uns gesondert 'n Büchlein.)
Wir wollen diese Sammlungen der »neuen Jugend-Lyrik, Szene-Aphorismen, Lebensgefühl-Kürzel, Dampf-Ablaß-Graffitti« nur dann mit No. 4 fortsetzen, wenn wir wie diesmal eine solche Fülle guter neuer Sprüche zusammenhaben. Derzeit suchen wir gezielt nach »Pennäler-Sprüchen«, also allem, was direkt/indirekt mit Schule und ›Bildung‹ zusammenhängt.
Also: Schickt Sprüche, Millionen Schüler können sich nicht irren! (Und 'n Kärtchen genügt, dann gibt's den »Querkopf« kostenlos, unser Verlagsverzeichnis.)

Die Leute vom Verlag mit der Fliege

CIP — Kurztitelaufnahme der Deutschen Bibliothek
Sponti-Sprüche / hrsg. von Eduard Moriz. —
Frankfurt am Main: Eichborn
Teilw. ges. von Willi Hau
NE: Hau, Willi [Hrsg.]; Moriz, Eduard [Hrsg.]
No. 3. Nimm's leicht, nimm mich. — 1983.
ISBN 3-8218-1921-9

11. Auflage — 100. Tausend

 · Umschlaggestaltung: Uwe Gruhle · Gesamtherstellung: Fuldaer Verlagsanstalt GmbH · Printed in Germany · ISBN 3-8218-1921-9 · Verlagsverzeichnis schickt gern: Eichborn Verlag, D-6000 Frankfurt am Main 70

Anarchie ist verwirklicht,
wenn die Arschkriecher
aussterben.

Anarchie ist
übergeordnete Form
der Organisation.

Arbeit adelt,
wir bleiben bürgerlich.

Auch im Osten
trägt man Westen.

Auch stille Wasser
sind naß.

Auch Zwerge
haben klein angefangen.

**Auf die Dauer
hilft nur Power.**

**Ausländer raus
aus der Isolation!**

**Beim Urlaub am Meer
fallen die Berge flach.**

**Befreit die Radfahrer!
Schafft die Lenker ab!**

Benützt Klopapier beidseitig und der Erfolg liegt auf der Hand.

Berufsverbot für alle, bei vollem Lohnausgleich!

Beseitigt endlich alle Klarheiten.

Besser die Sau rauslassen, als die Bullen holen.

Besser 'ne ordentliche Ruhepause, als 'ne pausenlose Unruhe.

Besser tutti frutti statt alle tot.

**Bevor uns die Farbe ausgeht,
sind Eure Putzmittel alle.**

Blau ist grüner als gelb.

**Bleib im Lande
und wehre dich täglich.**

Bloß g'scheit isch au dumm.

Breit sein ist alles!

Breitner in die Muppetshow!

**Brot für die Welt...,
aber die Wurst bleibt hier!**

**Bullen sind wie Schnittlauch:
Außen grün, innen hohl,
und sie treten meistens gebündelt
auf.**

Chaoten entführten Afrika.

Coitus, ergo sum.

Da Gott nicht alles alleine machen wollte, schuf er Mütter.

Da wir von allem nichts verstehen, reden wir überall mit.

Das Gesicht ist euch geschenkt, lachen müßt ihr selber.

Das Innere der Leberworscht
ist noch gänzlich unerforscht.

Das kann ja Eiter werden.

Das Kapital ist scharf auf Nullen.

Das Leben ist hart,
aber ungerecht!

Das Leben wäre viel einfacher,
wenn's nicht so schwer wäre.

**Daß er starb,
ist noch kein Beweis,
daß er gelebt hat.**

Deine Frau kommt schneller,
als du trinken kannst.

Der Deichgraf kriegt
'nen Riesenschreck,
der Deich ist da,
das Meer ist weg!

Der Gast geht so lange zum Tresen,
bis er bricht.

Der Geist ist willig,
das Fleisch erst recht.

Der liebe Gott sieht alles
— außer Dallas.

Der Mensch steht
im Mittelpunkt,
also allen im Wege.

Der Papst verzückt zum Himmel schaut,
wenn die Nonne ihm einen kaut.

**Der Regenwurm wird sehr vermißt,
weil er heut zum Angeln ist.**

Der Schwule läßt die Arbeit ruhn
und freut sich auf den After noon.

**Der Teufel steckt im Detail —
und wo steckt Gott?**

Des kleinen Mannes Sonnenschein
ist Ficken und Besoffensein.

Deutschland übel, sprach der Dübel
und verschwand in der Wand.

Die Abk. für Abk. ist Abk.

Die Demonstranten bestreiten alles — außer ihren Lebensunterhalt.

Die DKP ist rot wie Schnee
und tut keinem Kapitalisten weh.

Die dunkelste Kneipe ist besser
als der hellste Arbeitsplatz.

Die Erde ist unsere Mutter,
und seine Mutter tötet man nicht.

Die Freiheit wird siegen,
schafft die Drucksachen ab.

**Die Guten sterben zuerst,
man muß sich schämen,
daß man noch lebt.**

Die Liebe vertreibt die Zeit,
die Zeit vertreibt die Liebe.

**Die Macht der Schwänze
hat ihre Grenze.**

Die Regierung spart,
jetzt müssen sich 20 Minister
ein Gehirn teilen.

Die Scheiße von heute
ist das Schnitzel von gestern.

Die Sonne sinkt am Firmament,
die Filzlaus längs der Sacknaht
rennt.

Die SPD kann keine Faust ballen,
wenn sie überall ihre Finger
drin hat.

Die Würde des Menschen ist unfaßbar.

Die Zeit ist um, Welt!

Dieses Klo erscheint demnächst
bei Eichborn als Galgenbüchlein.

Don't walk on the grass.
Smoke it.

Drinnen ist es genauso wie draußen,
nur anders.

Edel sei der Mensch,
Zwieback und gut.

Eine Kuh macht Muh,
viele Kühe machen Mühe.

Eine Pflanze braucht Sonne,
um Pflanze zu werden,
ein Mensch braucht Liebe,
um Mensch zu werden.

Eine spitze Zunge
ist in vielen Ländern schon
unerlaubter Waffenbesitz.

Elvis ist tot.
Rest folgt.

Elvis ist tot, Travolta ist krank,
Kohl schwätzt Stuß,
es lebe der Punk!

Enthauptet die Sprengköpfe.

Eppiläppi —
aber happy.

Es gibt viel zu rauchen —
zünden wir's an.

Es genügt nicht,
keine Meinung zu haben.
Man muß auch unfähig sein,
sie auszudrücken.

Es gibt solche und solche,
aber mehr solche als solche.

Es hat mich keiner gefragt,
ob ich geboren werden will;
nun will ich wissen,
wie ich leben soll.

Es ist deutsch in Kaltland.

Es ist verboten,
etwas zu verbieten.

Es lebe der Dampf!

Es muß im Leben doch mehr als alles geben.

Es sagte einer zu den Steinen:
»Ihr sollt Menschen werden!«
Da sagten die Steine:
»Wir sind nicht hart genug!«

Es wird immer komplizierter, einfach zu leben.

Er war Chemiker,
und seine Frau ging auch
immer neue Verbindungen ein.

Ernährt euch von Diäten! Unsere Politiker können nicht irren.

Fehlt dir beim Ficken der Erguß, bist du reif für Spartakus.

Feuer und Flamme für diesen Staat!

Fick deine Mutter und du bist dein Bruder.

Frauen gemeinsam — sind einsam.

Frauen liebt Frauen, Millionen Männer können nicht irren.

Frauen sind Männersache.

Frauen sind wie Tee — manchmal muß man sie ziehen lassen.

Freiheit 1918 — Gefühl und Härte.
Freiheit 1983 — Gewühl und Hertie.

Freiheit für mein Sparschwein.

Friede auf Erden —
es wird schon werden.

Frisch gewagt,
ist halb verloren.

Früher hab ich mich vor der Arbeit
gedrückt,
aber heute könnte ich stundenlang
zuschauen.

Fuck the Pope
and smoke dope.

Furznick Votzgommery
was here!

Gebt den Amis volles Rohr,
Freiheit für El Salvador.

Gib mir deinen Paß,
und ich sage dir,
wer du bist.

God shave the Queen.

Gott gab dem Bären Kraft und dem
Löwen Mut.
Der Katze Schönheit und dem Fuchs
List.
Bloß mich hat er vergessen.

Gott statt Religion.

Guck nicht so blöd
— küß mich!

Halt die Schnauze,
wenn du
mit mir redest!

Haltet die Welt an,
ich will aussteigen.

**Hauptsache, es geht vorwärts,
die Richtung ist egal.**

Heute ist der erste Tag vom Rest deines Lebens.

**Hier ist die Wüste.
Welches Kamel bist du?**

**Hier kann jeder machen,
was er will.
Ob er will oder nicht!**

**Hier wird man schneller satt,
wenn man
den Mund nicht aufmacht.**

High nun — denn morgen können wir schon tot sein!

Hilfe! Ich kann ohne mich nicht leben!

**Hoch lebe die CSU!
So hoch,
daß keiner drankommt.**

Hochsprung kommt vor dem Fall.

Hoffentlich werden wir so alt, wie wir aussehen.

Hut ab vor Anarchisten,
Haut ab vor Polizisten,
Haut zu bei Faschisten.

In dubio pro libido.

**Ich bin nicht rechts —
ich bin nicht links —
ich bin untendurch.**

Ich denke, also bin ich hier falsch.

Ich find' alles scheiße,
wo ist das Fundbüro?

Ich glaub', ich steh' im Wald,
und die Rehlein sagen du zu mir.

Ich hab' so einen Durst,
daß ich vor Hunger ganz müde bin.

Ich kam,
sah und sprühte.

Ich lebe ständig über meine
Verhältnisse — aber noch
lange nicht standesgemäß.

Ich steh auf mich.

Ich weiß nicht, was ich will,
aber ich weiß,
wie ich's kriegen kann.

Ich will meinen Schnuller
wiederhaben.

Im Puff ist heut' die Hölle los,
der Pfarrer hat das Gratislos.

In der UdSSR gibt es auch zwei
Parteien,
die kommunistische und Sibirien.

In meinem Zimmer rußt der Ofen,
in meinem Herzen ruhst nur du!

Inn und Ilz, vereinigt euch!
Nieder mit der Donau!

Input — Output — Disput.

Ist der Penis ein Phallussymbol?

Jede Aussage, die Sie hier lesen, kann gegen Sie verwendet werden.

Jede Regierung braucht Menschen. Kein Mensch braucht Regierungen.

Jedem Analphabeten
sein Diktiergerät!

Jedem das Seine —
mir das Meiste!

Jeder braucht Lebensmittel —
Brot, Käse, Liebe.

Jeder kann denken,
aber vielen
bleibt es erspart.

Jeder macht, was er will,
keiner macht, was er soll,
aber alle machen mit.

Jeder schimpft über das schlechte Wetter,
aber keiner tut etwas dagegen.

**Jesus kommt,
wolle mer'n reilasse?**

Jesus was a hippie,
but the devil is a punk.

**Jung kaputt
spart Altersheim.**

K

**Keine Waffen nirgendwo,
Generäle in den Zoo.**

Keine Zeit für suicide.

**Keiner ist unnütz.
Er kann immer noch
als schlechtes Beispiel dienen.**

**Keiner liebt mich,
wieso ich?**

Kilroy come home.

Klowände streichen
ist wie Bücher
verbrennen.

Kohlenmonoxyd ist 'ne Gemeinheit.
Man merkt es erst,
wenn man schon tot ist.

Kommunismus ist,
wenn jeder von
jedem genug hat.

Krieg ist ein gutes Geschäft —
Mütter investiert eure Kinder.

L

Laßt mich doch fett sein, es kann nicht jeder beim Ballett sein!

**Laßt uns mit neuer Kraft
und frischem Mut
der Arbeit aus dem Wege gehen.**

Leben heißt sterben. (Engels)

**Leben ist
eine schlechte Angewohnheit.**

**Leben ist wie Zeichnen —
nur ohne Radiergummi.**

Leichen sind wie du und ich — nur tot.

Leute geht in euch und bleibt dort.

Lieber am Busen der Natur als am Arsch der Welt.

Lieber arbeitslos als gar nichts los.

Lieber arm und gesund, als reich und beim Bund.

Lieber auf der Lüneburger Heidi als im wunderschönen Land.

Lieber Barrikaden baun,
als zu Hause Müsli kaun!

Lieber ein stadtbekannter Säufer
als ein anonymer Alkoholiker.

Lieber ein wackeliger
Wirtshaustisch
als ein fester Arbeitsplatz.

Lieber eine arme Rote
als die rote Armee!

Lieber eine gute Stellung
als eine gute Arbeit.

Lieber 'ne Stumme im Bett
als 'ne Taube auf'm Dach.

Lieber einen Sechser im Lotto
als einen Achter im Fahrrad.

Lieber Farbe auf dem Klo
als Scheiße im Malkasten.

Lieber feuchte Füße
als 'ne trock'ne Kehle.

Lieber Fußpilz als Atompilz.

Lieber gemeinsam auf 'ner
Datscha im Ostblock
als einsam im Westen im Wohnblock.

**Lieber Gott,
führ mich in Versuchung,
aber richtig!**

**Lieber Henna
statt Männer.**

**Lieber im Regenschauer
als im Kugelhagel.**

**Lieber klammheimlich
als stammheimlich.**

**Lieber Kontaktlinsen
als Kontaktschwierigkeiten.**

**Lieber lebendig
als normal!**

Lieber 'n Freak als Krieg.

Lieber 'n Ted im Bett
als 'n Popper als Oppa.

Lieber 'ne Dürre im Bett
als 'ne Runde inne Kneipe.

Lieber 'ne gesunde
Verdorbenheit
als 'ne verdorbene
Gesundheit.

Lieber 'ne Pulle Bier
als 'ne Wanne Eickel.

**Lieber 'nen Ferrari fahr'n
als auf einen Opel spar'n.**

Lieber Ostern als Western.

**Lieber Rosinen im Kopf
als Haare im Kuchen.**

**Lieber stockbesoffen
als knüppeldick.**

**Lieber über Nacht versumpfen,
als im Sumpf übernachten.**

Libero als gekocht.

M

Macht den Wald kalt.

Macht weiter so —
wir haben ja bloß eine Erde.

Männer sind wie Neutronen.
Viel Masse und keine Ladung.

Make love — not babies!

Man muß die Welt ernst nehmen,
um sie zu beweltigen.

Manche Menschen sind nur so
einsam, weil sie Dämme bauen
statt Brücken.

Mein Auftrag hier beim Bund ist so geheim, daß keiner weiß, was ich hier soll.

Mens sana in corpore sanella.

Morgens kann ich nichts essen,
weil ich dich liebe.
Mittags kann ich nichts essen,
weil ich dich liebe.
Abends kann ich nichts essen,
weil ich dich liebe.
Nachts kann ich nicht schlafen,
weil ich Hunger habe.

Müde und satt,
wie schön is datt.

N

Nachts wenn alles schläft,
ist meistens keiner wach.

Nackt sah Kant an sich hinunter
und erblickte das Ding an sich.

Nichts gegen
Frauenbewegungen.
Nur — schön rhythmisch
sollten sie schon sein!

Nie was vormachen lassen,
das macht man besser selber.

Nieder mit de Kapilisten, gebt die Malochers de Zechienen!

Nieder mit der Schwerkraft, es lebe der Leichtsinn.

Nimm's leicht, nimm mich.

No future, no past, no plusquamperfekt.

Nonsens ist der Sieg des Geistes über die Vernunft.

Nosens statt Konsens.

Nur die Wut nicht verlieren.

Nur Heroinspaziert!

Nur Idioten halten Ordnung,
ein Genie beherrscht das Chaos.

Nur tote Fische schwimmen
mit dem Strom.
(Ind. Sprichwort)

O Herr, schmeiß Hirn vom Himmel!

Ohne Knete keine Fête.

Onanie, Onamanchmal, Onaoft.

Ora et deflora.

Ordnung ist das halbe Leben,
Unterordnung die andere Hälfte.

Pampers für alle!

Paradies: Werbeabteilung der Hölle.

Paulus schrieb an die Korinther:
»Haar am Arsch
gibt warm im Winter.«

**Praktisch denken,
Särge schenken.**

Praxis ist: wenn alles funktioniert, und keiner weiß warum.

**Punk macht krank,
krank macht häßlich,
und häßlich ist schön.**

R

Realität ist eine Illusion,
die durch Alkoholmangel
hervorgerufen wird.

Rette die Bäume –
iß Biberfleisch.

Rettet Radkäppchen
vor dem bösen Golf.

**Revolution vorbei,
Liebe futsch,
Spaghetti kalt.**

Riech ich dein Aroma,
fall ich gleich ins Koma.

S

Sägt die Bonzen ab,
laßt die Bäume stehen.

Schenk mit Herz,
schenk Dynamit.

Schiebt dem Reagan ohne Eil
die Pershing II ins Hinterteil.

Schluß mit dem Wohlstand,
ich will sitzen.

Seid nicht feige, Leute –
laßt mich hinter'n Baum!

Selbst die Katharina Focke
geht beim Pinkeln in die Hocke.

**Sesam öffne dich –
ich will 'raus!**

**Sex, dope and anarchy
is all we need in Germany.**

Sex hat keine Kalorien.

Shit macht fit.

**Sie haben die Macht,
doch wir haben die Nacht.**

**Sie wollen nur unser
Bestes, doch das
kriegen sie nicht.**

So 'ne Atombombe
kann einem den
ganzen Tag verderben.

Spare jeden Pfennig –
koste es, was es wolle.

Sprengt die Ketten –
sie sind 'ne Reihe von Nullen.

Stell Dir vor,
es ist Sonntag –
und keiner kauft Bild.

**Streut Kaviar unters Volk,
damit der Pöbel ausrutscht.**

**Take it easy,
but take it.**

Tot sein macht impotent.

**Träume haben keine Chance –
die Wahrheit ist zu nah!**

Träume nicht dein Leben – lebe deinen Traum.

**Trari, Trara,
die Basis, die war da!**

Treib Sport,
oder du bleibst gesund.

Tu was gegen die Überbevölkerung –
bring dich um.

Tumor ist,
wenn man trotzdem lacht.

U-Bahn, S-Bahn, Achterbahn,
Anarchos wollen Taxi fahr'n.

Überlegen macht überlegen.

. . . und es gibt DOCH ein Leben vor dem Tod!

Unser Verstand ist unser Vermögen; doch Armut schändet nicht.

Unterstützt den antinudistischen Freiheitskampf der islamischen Völker.

Viele, die ihrer Zeit voraus waren, mußten in unbequemen Unterkünften auf sie warten.

Vor Gott waren alle Menschen gleich.
Nach ihm gibt es Unterschiede.

Vorwärts –
auf dem Marsch durch
die Frustrationen.

**Warte nicht auf andere,
liebe dich selbst.**

**Was bei uns der Arbeitsplatz,
ist in Mexiko die Siesta.**

**Was du heute kannst besorgen,
kannst du dir morgen
nicht mehr leisten.**

**Was heute noch nicht richtig
ist, kann morgen schon fast
falsch sein.**

Was ist schon Marion gegen die umheimlichen Weiten des Universums.

Was kann an der Arbeit gut sein, wenn die Reichen sie den Armen überlassen?

Was kann der Mensch dafür, daß Gott soviel Scheiße baut.

Was machen mit der Zukunft – wenn man keine hat?

Was tun, wenn die Uhr stehenbleibt? Weitergehen, einfach weitergehen.

Weg mit dem Kondom –
Freiheit für Sperma!

Weg mit dem Volk,
der KBW soll selbst entscheiden.

Weg mit den Tüten –
Freiheit für Gummibärchen.

Wenn andere glauben,
wir könnten etwas besser machen,
beweisen wir ihnen das Gegenteil.

Wenn Baby lauter Eier reihert,
heißt das, daß man Ostern feiert.

Wenn der Himmel auf die Erde käme,
würden sie auch ihn zumauern.

Wenn ein Mann hinterher der
Dumme ist,
kann er sicher sein,
daß er es auch schon vorher war.

Wenn einer von der Rente lebt,
dann hat er offenbar geklebt.

**Wenn ich die Kraft
hätte,
würde ich gar nichts
machen.**

Wenn Männer weich werden,
werden sie hart.

Wenn man das Licht schnell genug
ausschaltet,
kann man sehen,
wie die Dunkelheit aussieht.

**Wenn man dir liniertes
Papier gibt, schreibe quer
über die Zeilen.
(Juan Ramon Jiménes)**

**Wenn Ordnung das halbe
Leben ist,
dann ist Chaos das ganze.**

**Wer A sagt,
muß auch 'nen Kreis drum
machen.**

Wenn wir alle die Computer füttern,
wer füttert dann uns?
Wenn Würstchen an der Macht sind,
braucht man sich nicht zu wundern,
daß der Senf rationiert wird.

Wer andern in den Hintern schlüpft,
daran meist eine Hoffnung knüpft.

Wer andern in die Möse beißt,
ist böse meist.

Wer andre in die Grube schubst,
fällt selbst nicht 'rein.

**Wer Gewalt sät,
muß sich nicht wundern,
wenn er bei der Ernte
eins über die Rübe kriegt.**

Wer Glück im Spiel hat,
der hat auch Geld für die Liebe.

**Wer nicht weggeht,
kommt nie wieder.**

Wer Ordnung hält,
ist bloß zu faul zum Suchen.

**Wer Schmetterlinge lachen
hört, der weiß,
wie Wolken schmecken.**

**Wer selber arbeitet,
verliert die Übersicht.**

Wer sich nicht bewegt, spürt auch seine Fesseln nicht.

Wer zuerst schießt, stirbt als zweiter.

Wermut macht mehr Mut.

Wie man ißt, so wiegt man.

Wir bleiben unserm Motto treu: Lesbisch, schön und arbeitsscheu.

Wir erklären dem Krieg den Frieden.

Wir ersetzen die Lösung durch eine Losung.

Wir feiern die weiße Wand.

Wir fordern die Wiedervereinigung der Spalttablette.

**Wir fordern:
Sofortige Aufhebung
des Scheißwetters.**

Wir sind,
aber wir haben uns nicht,
deshalb werden wir erst.
(Bloch)

Wir sind alle Gottes Kinder –
und warum verteilt er die Alimente
so ungleichmäßig?

Wir sind zu allem fähig,
aber zu nichts zu gebrauchen.

Wir sitzen alle in einem Boot,
nur die einen angeln,
und wir rudern.

Wir wollen Alles!

Wissen ist Macht,
Nichtwissen macht nichts.

Woher denn?
Wohin denn?
Womit denn?
Warum denn?

Zinsen weg,
Kredit für alle!

JAVAANSE
JONGENS
JAVAANSE JONGENS
MILD

Spick dich durch
Jede Menge Zoff / für Studienrat und Prof. Hier sind alle klassischen Schummel-, Spick- und Bluff-Methoden versammelt. Ein Buch, das jeden Notendurchschnitt sprunghaft verbessert. Listig, lustig, raffiniert. Schülerfreundlicher Preis: **10,— DM** (1024)

Brandneue Schummel-Tricks
Das ist Schummeln total. Neue Tricks für Fortgeschrittene. Chemie, Taschenrechner, Homecomputer, Sender und Empfänger werden angewandt und wissenschaftliche Testverfahren übertölpelt. — Kaufen und ausprobieren! **10,— DM** (1033)

Schüler-Power
So werden Lehrer auf Trab gebracht! Jede Menge Tips, Hinweise, Handlungsanleitungen, Strategien und Gemeinheiten, wie man dumpfautoritäre Lehrkörper unter Streß setzt. **Das Lehrbuch für die effektive Schüler-Notwehr. Nur 10,— DM** (1030)

Kids kriegen recht
Lehrer, Eltern, Chefs, Hauswirte etc. denken, mit Dir können sie's machen. Von wegen! Kohle von den Eltern, anständige Noten, geile Kleidung, Ausgang nach Lust und Laune — hol sie dir. Du hast massig Rechte. Nachschaun! Hier! **10,— DM** (1035)

Besser ankommen
Mit Psycho-Power kommst Du mit anderen besser klar — in Schule, Familie, Freundschaft und Liebe. Dieter Heckenschütz zeigt Dir, wie Du die Kunst, kein Egoist zu sein, beherrschen lernst und wie Du erreichst, was Du erreichen willst. **Gut angelegte 10,— DM** (1049)

Geldquellen für Jugendliche
Ein garantiert wirkungsvoller *Ratgeber gegen Geldnot.* Er beschreibt: 30 Möglichkeiten für **Freizeit-Jobber,** 52 Vorschläge für **Mini-Unternehmer.** Viele Tips für **Freizeit-Händler.** Spannung, activity, Kohle! **Nur 10,— DM** (1036)

Gag-Englisch
Die Kunst der Englisch-Verballhornung greift epidemisch um sich. Wir liefern das Buch zur Seuche; mit besten Gags und Zeichnungen. — Los geht's: Laden Sie Ihre Freunde zur »Gockel-Schwanz«-Party (Cocktail) ein! **10,— DM** (1810)

Mehr Gag-English for Fans
This kitchen-english is strong tobacco. Aus Tausenden von Einsendungen sind hier die besten neuen Übersetzungs-Gags zusammengestellt. Tolle Zeichnungen und jede Menge Stoff zum Lachen, zu Hause und im Büro. **10,— DM** (1817)

Die hinterletzten Englisch-Briefe
Sie lachen sich kaputt über den auf Englisch geführten Briefwechsel. Es schreiben sich: eine ostfriesische Mutter und ihr ausgewanderter Sohn.
10,— DM (1877)

Love-Story für Mädchen
Eine schöne Liebesgeschichte ist der rote Faden. — Darum rankt sich jede Menge Rat für den Umgang mit Jungen. Ein offenes Buch: damit's mit Freundschaft und Liebe besser klappt. **10,— DM** (1077)

Love-Story für Jungen
Bastian liebt Nicole. Das ist die Geschichte. — Wie er es anstellt, Nicole für sich zu interessieren und zu gewinnen, das erklärt der Ratgeberteil.
10,— DM (1076)

Verschärftes Gag-English
Kaum zu glauben aber wahr! Wer an den ersten beiden Runaway-Bänden sein Vergnügen hatte, wird jetzt ein wahres Gag-Feuerwerk erleben. **Trotzdem nur 10,— DM** (1083)

Bockstarke Märchen
Das Beste, was je in Scene-Sprache geschrieben wurde. 12 Grimmsche Märchen: Sterntaler auf'm Wahnsinnstrip, Frau Holle wedelt die Rheumadecken aus, eine Emanze erzählt Froschkönig etc. **Das Ganze super (!) illustriert, 12,80 DM** (1811)

Sieben Bildungskatastrophen
Achtung, Lachkrämpfe! »Faust«, »Willi Tell«, »Die Räuber«, »Nathan der Weise«, »Der zerbrochene Krug«, »Antigone«, »Hamlet« als rasante Scene-Kurz-Dramen. **Top-Illustrationen!** Zurückhaltende **12,80 DM** (1819)

Die bockstarke Story von den Nibelungen
Es wird gehauen und gestochen (in den gehörnten Siggi), daß es nur so staubt. — Eine riesige action-Kiste mit Romantik-Einlagen und einem völlig beschrubbten finish. **12,80 DM** (1838)

Sieben Millionen Vierzigjährige warten auf diese Cartoons von Rauschenbach. Ein Super-Midlife-Vergnügen. Großformat. Gut gebunden.
Nur 16,80 DM. (1842)

Die »Zehn Gebote für gute Deutsche« . . .
treiben zwar engstirnigen Konservativen die Zornesröte ins Gesicht; aber die 27 Millionen lockeren Deutschen werden lachen, daß die Wende wackelt. — Der neue Rauschenbach Cartoon-Bestseller im Großformat. **Nur 16,80 DM** (1844)

Der Held mit der langen Nase heißt Rüdiger.
Und weil er sie gern überall reinsteckt, kriegt er oft eine drauf. Cartoon-strips mit erheiterndem Woody-Allen-Effekt. **10,— DM** (1845)

Eine Leseorgie
Hier wird das komplette Alte Testament rasant runtererzählt. Mit Spaß und Spannung, »Sex and Crime«, für Christen und Nichtchristen. »Dieser unheilige Knüller« (Münchner Merkur) »fasziniert wie ein Gute-Nacht-Krimi« (Die Zeit). Der neue Weg zur alten Bibel, 848 heitere Seiten lang.
Nur 16,80 DM (0100)

Das Anmachbuch für den zeitgemäßen Chauvi:
Der gewesene Alternative geht heutzutage yuppie-mäßig aufs weibliche Geschlecht zu, ein und los. Ein ungenierter Ratgeber mit Erfolgsgarantie!: Entweder du fängst Herzen oder Ohrfeigen. Klasse illustriert.
12,80 DM (1834)

Bunte Bilder aus dem Puff
Drastische Farbbilder im Großformat, heitere Einsichten, groteske Szenen, sexuelle Irrungen, witzige Überraschungen. — Ein farbenprächtiger Cartoonband von Doris Lerche. Nichts für Wende-Mucker; aber viel Spaß für die anderen.
20,— DM (1897)

Zwerchfell kriegt Muskelkater
Klaro wird auch im 2. Moers-**Cartoon-Buch** unter die Röcke gepeilt und in die Hosenställe geschielt. Bei den *Sandkasten-Existenzialisten* ist das so usus. — **Vorsicht!** Es besteht Gefahr, sich über Moers-Cartoons zu bepissen. **10,— DM** (1827)

Lachkrampf grüßt!
Wer bei dem cartoon-strip über »transsexuelle Menstruation« noch nicht lachend unterm Tisch liegt, hat keinen. 38 kürzere und längere Bildgeschichten, die Dich nach Atem ringen lassen. **Super-Geschenk-geeignet!**
Nur 10,— DM (1825)

Saukomische Schweinewelt
Titanic-Zeichner Walter Moers zeigt die schönste aller Welten: schrecklich gemein, wahnsinnig verfressen, unausstehlich geil und verdächtig lustig. — Bildgeschichten im Großformat für alle, die sich wie Sau amüsieren möchten.
16,80 DM (1828)

Geschlechterkampf tobt 1
Endlich! Jetzt können sich die armen, unterdrückten *Chauvis* wehren. Mit dem anwendungsaktiven **Frauenhasserbuch.** — Tausend Tips in Wort und Bild, wie mann das nervtötende Weib matt setzt. *Softer* Preis: **10,— DM** (1822)

Geschlechterkampf tobt 2
Völlig klar! Der *Vormarsch der Frauen* geht rasant weiter. Wegweiser ist das bitterböse **Männerhasserbuch.** — Massenhaft *griffige* Hinweise in Wort und Bild, wie frau die Männer windelweich und klitzeklein kriegt. **Emanzipierte 10,— DM** (1821)

Gegen kleine Nervensägen
Ratgeber, wie man sich die unverschämten, kleinen Krachmacher vom Hals hält. Zynische Tips, bittersüße Bilder. Mit **Kinderhasser-Lexikon!** Balsam für geplagte *Pädagogen, Eltern* etc.
10 DM (1816)

Ganz konkret Geld sparen
Dieser renitente Ratgeber liefert tausend Tips und Strategien, Waren und Dienstleistungen aller Art verbilligt zu kriegen. — Die Tricks funktionieren. Du mußt sie nur anwenden.**20,— DM** (1063)

Die schönste Freude ist die . . .
Irre Flops, peinliche Mißgeschicke, gigantische Reinfälle — hier gibt's beste **Schadenfreude** en masse. Der *Westdeutsche Rundfunk:* »Seit es das *Lexikon der Niederlagen* gibt, kann das *Guinness-Buch der Rekorde* einpacken.« **Tausend Lacher für 16,80 DM** (1082)

Tüchtig Heimzahlen
Das Lexikon gegen Chefs und andere Ärgerlinge: denn Rache ist süß. Wir bieten massenhaft **praktische Rezepte,** wie man Bösewichtern ihre Gemeinheiten wirkungsvoll heimzahlt. Lesen und in Vorfreude schwelgen! **Viel Rache für nur 16,80 DM** (1087)

Sponti 1
5,— DM (1904)

Sponti 2
5,— DM (1911)

Oscar is wilde, Thornton is wilder. **5,— DM** (1961)

Sponti 4
5,— DM (1929)

Weise Sprüche frech verdreht.
5,— DM (1954)

Sponti englisch
5,— DM (1939)

Sponti 6
5,— DM (1950)

Ein völlig verrücktes Lehrbuch. **5,— DM** (1953)

Die besten Olga-Verse aus dem »stern«. **5,— DM** (1966)

Es feixen die Schüler, und die Älteren erinnern sich. **5,— DM** (1928)

Frech wie Rotz, die neuesten Sprüche aus dem Schulalltag. **5,— DM** (1941)

Du lachst Dir 'n Ast im Schüler-Knast. Allerneuestes für **5,— DM** (1943)

. . . nur nicht Oma, die liegt im Koma. **5,— DM** (1937)

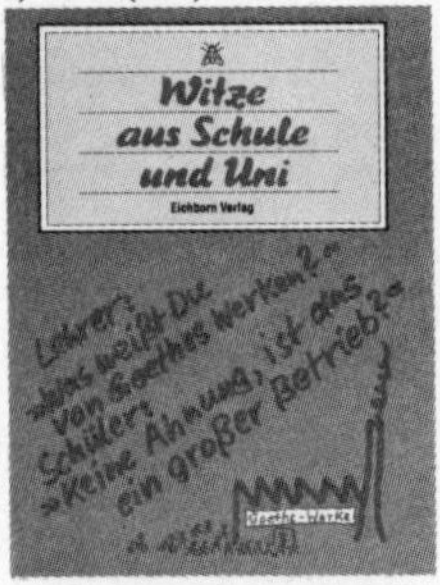

Jede Lehrveranstaltung geht in brüllendem Gelächter unter. **5,— DM** (1945)

Zum Heulen lustig. **5,— DM** (1930)

Berufsbezeichnungen wörtlich genommen. Fotocartoons. **5,— DM** (1952)

Kennst du schon den über . . . **5,— DM** 1959

Neue politische Witze blühen. **5,— DM** (1925)